Dresden in alten Ansichten

Dresden

in alten Ansichten

BILD UND HEIMAT

Alle Postkarten stammen aus dem Privatarchiv Eberhard Hofmann, Chemnitz. Der Verlag dankt für die freundliche Unterstützung.

ISBN 978-3-95958-165-3

1. Auflage

Umschlaggestaltung: BEBUG mbH/ Bild und Heimat, Berlin, unter Verwendung eines Postkartenmotivs aus dem Privatarchiv Eberhard Hofmann, Chemnitz
Druck und Bindung: Graspo CZ

Ein Verlagsverzeichnis schicken wir Ihnen gern:
BEBUG mbH / Verlag Bild und Heimat
Alexanderstr. 1
10178 Berlin
Tel. 030 / 206 109 – 0

www.bild-und-heimat.de

Vorwort

Bereits in der Bronzezeit muss das liebliche Tal der Elbe so einladend gewesen sein, dass sich Menschen entschlossen, hier zu siedeln. Germanen und Sorben wechselten sich ab, bis schließlich das heutige Stadtgebiet durch die Markgrafen von Meißen und die sächsischen Wettiner allmählich Gestalt annahm. Eine einzigartige Erfolgsgeschichte begann. Mit Dresdens Aufstieg 1485 zur alleinigen Residenzstadt der Albertiner hielten Kunst und Kultur Einzug in den noch immer kleinstädtisch geprägten Ort. Der planmäßige Ausbau zu einer der schönsten barocken Städte Deutschlands setzte sich unter den kunstliebenden Kurfürst-Königen von Sachsen-Polen, August dem Starken und seinem Sohn, fort. Politisch stand die Residenzstadt häufig im Zentrum kriegerischer Auseinandersetzungen, sei es während des Siebenjährigen Krieges oder der Napoleonischen Befreiungskriege. Im 19. Jahrhundert entwickelte sich Dresden zu einem Industriestandort, der Platz zum Wachsen benötigte. Das Stadtgebiet wurde mehrmals erweitert. Monumentale Villen entstanden in den begehrten Wohnlagen an den Elbhängen. Doch trotz des weltläufigen Flairs behielt Dresden immer den Charakter einer gemütlichen, verwinkelten Residenz mit Bauten aus unterschiedlichen Epochen. Als ein Zentrum der Musik wurde die Stadt Anfang des 20. Jahrhunderts berühmt. Viele Opern von Richard Strauss hatten hier ihre Uraufführung. Dass es in Dresden nicht nur schöngeistige Kost gab, bezeugen die zahlreichen Gaststätten und Hotels, die sich im Stadtgebiet und in den Außenbezirken fanden. Immer schon wusste man in Dresden gut zu leben. Unsere repräsentative Auswahl an Postkarten vermittelt ein Bild der Stadt in ihrer ganzen baulichen Vielfalt, aber auch Lebendigkeit. Die Ansichten zeigen, dass die Dresdner zu jeder Zeit mit ihrer Stadt eng verbunden waren, sich hier Tradition und Fortschritt die Hand reichten, Vergangenes bewahrt wurde und man trotz aller Schicksalsschläge immer wieder optimistisch in die Zukunft blickte.

Schon von weitem ist die markante Silhouette von Dresden zu erkennen. Die sächsische Residenz liegt landschaftlich reizvoll eingebettet zwischen Höhenzügen im Elbtal.

Das Stadtgebiet erstreckt sich entlang der Elbe zwischen den Ausläufern des Osterzgebirges, des Elbsandsteingebirges und der Lausitzer Granitplatte.

Mehrere Brücken verbinden das rechtselbische mit dem linkselbischen Ufer. Die erste Carolabrücke wurde in den Jahren 1892 bis 1895 errichtet und nach Königin Carola von Sachsen benannt.

Die Augustusbrücke verbindet die Altstadt mit der Neustadt. Ihre heutige Form erhielt sie 1907.

Seit den 1830er Jahren befuhren Dampfschiffe die Elbe. Die hohen Schornsteine konnten mittels eines Mechanismus vor den teils niedrigen Brückendurchfahrten eingeklappt werden.

Vom Neustädter Ufer aus fällt der Blick auf die berühmte Elbsilhouette der Altstadt mit Georgentor, Residenzschloss, Katholischer Hofkirche, Sempergalerie und Semperoper.

Vom Neustädter Elbufer fällt der Blick auf die Bauten der Altstädter Seite. Diese Ansicht verewigte Bernardo Bellotto (1722–1780) in seinem Gemälde »Dresden vom rechten Elbufer unterhalb der Augustusbrücke«. Sie ist als Canaletto-Blick weltberühmt.

Hinter der Semperoper ragte der Schornstein des Staatlichen Fernheiz- und Elektrizitätswerkes auf, das von 1899 bis 1901 errichtet wurde.

Oberhalb der Brühlschen Terrasse erhob sich links das vierte »Belvedere« aus dem Jahre 1842. Mit seinen zwei Festsälen, Gesellschaftszimmern und einer Aussichtsterrasse wurde es bis zu seiner Zerstörung 1945 als Gaststätte genutzt.

Über die Grünanlagen des Neustädter Elbufers hinweg schweift der Blick zur Dresdner Altstadt mit der dominierenden Kuppel der Frauenkirche.

Unterhalb der Brühlschen Terrasse befinden sich seit 1910 die Anlegestellen und Landungsplätze der Dampfschiffe. Rechts oben erhebt sich die Kunstakademie, die in den Jahren 1887 bis 1894 errichtet wurde.

Die große Freitreppe zur Brühlschen Terrasse wurde 1814 nach Plänen von Gottlob Friedrich Thormeyer erbaut. Die Figurengruppe »Vier Tageszeiten« von Johannes Schilling erhielt dort 1868 ihren Platz.

Vom Dach der Katholischen Hofkirche fällt der Blick auf das Neustädter Elbufer mit dem Blockhaus (Neustädter Wache) und dem Turm der Dreikönigskirche im Hintergrund.

Einen wunderbaren Blick auf die sich durch die Stadt schlängelnde Elbe hat man von der Frauenkirche. Im Vordergrund die »Zitronenpresse« genannte Kuppel der Kunstakademie mit der Figur der Fama obenauf.

Zwischen Carolabrücke und Albertbrücke wurde am Neustädter Elbufer zwischen 1900 und 1904 das »gemeinsame Ministerialgebäude« (heutige Staatskanzlei) als Sitz des Innen-, Justiz- und Kultusministeriums errichtet.

Nach Plänen von Matthäus Daniel Pöppelmann entstand das Kronentor als repräsentatives Eingangsportal zum Zwinger. Die Form der Kuppel erinnert an die polnische Königskrone Augusts des Starken.

Die Panoramaansicht des Zwingers zeigt deutlich die barocke Symmetrie der Gesamtanlage, die im 19. Jahrhundert durch den Bau der im Stile der Hochrenaissance gestalteten Sempergalerie ihren baulichen Abschluss fand.

Über dem Stadtpavillon des Zwingers erhebt sich die Sophienkirche, die bis 1945 zu den ältesten Kirchen der Stadt zählte. Sein neogotisches Antlitz mit den zwei durchbrochenen Turmspitzen erhielt der Sakralbau bei einem Umbau in den Jahren 1864 bis 1868.

Der Wallpavillon gilt als der architektonische Höhepunkt des Zwingers. Der opulente bildhauerische Schmuck mit dem den Pavillon bekrönenden Herkules stammt aus der Werkstatt Balthasar Permosers.

Heiterkeit und Lebensfreude strahlt das Nymphenbad des Zwingers aus. Matthäus Daniel Pöppelmann gestaltete damit eine der schönsten Brunnenanlagen des Barock.

Gottfried Sempers berühmtes Opernhaus am Theaterplatz entstand in den Jahren 1871 bis 1878 als Ersatz für einen ebenfalls von ihm konzipierten Theaterbau, der 1869 einem Brand zum Opfer gefallen war.

Hinter Zwinger und Opernhaus befindet sich der Zwingerteich, Rest des alten Festungsgrabens der Stadt. Zu jeder Jahreszeit war der Teich mit der angrenzenden Parkanlage ein Anziehungspunkt für Einheimische und Gäste.

Der Bau der Katholischen Hofkirche erfolgte trotz großer Widerstände im evangelischen Sachsen in den Jahren 1739 bis 1755. In ihr befindet sich eine der schönsten Orgeln von Gottfried Silbermann.

Auf dem Theaterplatz steht das Denkmal König Johanns von Sachsen. Johannes Schilling schuf ab 1882 das gewaltige Reiterstandbild aus Bronze, das mit dem Residenzschloss korrespondiert.

Nahe dem Residenzschloss erhob sich der Wettin-Obelisk, der dort zur Erinnerung an die Feierlichkeiten der 800-jährigen Herrschaft der Wettiner über Sachsen im Jahre 1889 aufgestellt worden war.

Im Innenhof des Dresdner Residenzschlosses dominiert der Altan, eine viergeschossige Loggia, aus der Zeit des Kurfürsten Moritz von Sachsen. Unter seiner Regentschaft wurde eine gotische Anlage in das prunkvolle Renaissanceschloss umgewandelt.

Das Georgentor, einst Stadtausgang zur Elbbrücke, erhielt seine heutige Gestalt im Stile der Neorenaissance im Jahre 1901 durch die Umgestaltung eines Vorgängerbaus.

Die Schlossanlage umfasst mehrere Innenhöfe, von denen der Stallhof mit dem Langen Gang am prächtigsten ist. Letzterer verband das Georgentor mit dem Stallgebäude (heutiges Johanneum). Über allem erhebt sich der Hausmannsturm des Schlosses.

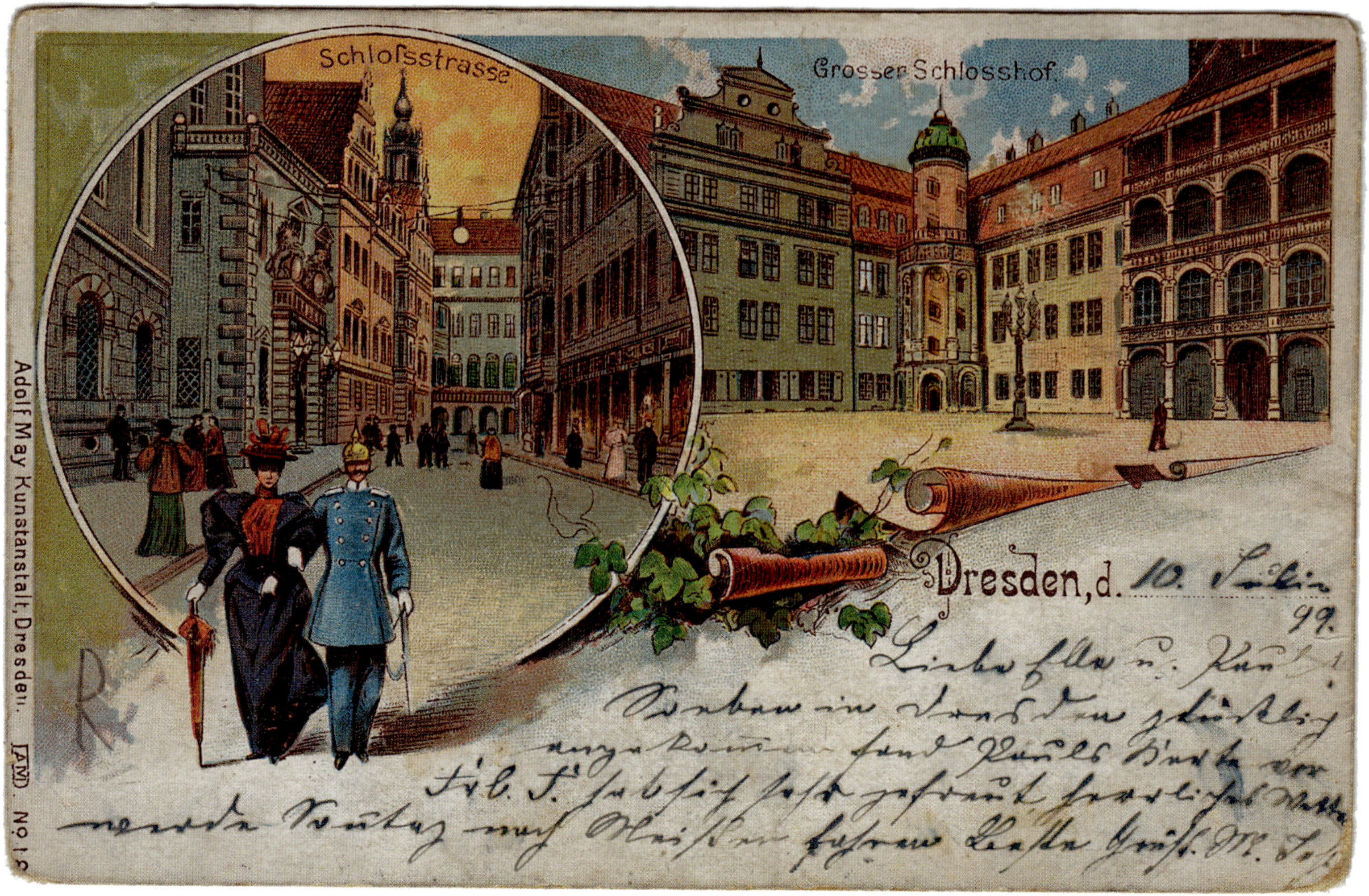

Die Schloßstraße führt vom Georgentor zum Altmarkt. Hier befand sich auch das Wohnhaus von Matthäus Daniel Pöppelmann, der Dresden durch seine Bauwerke ein barockes Antlitz verlieh.

Unweit der Schloßstraße lag das Lokal *Bärenschänke*, Dresdens größtes Gasthaus. In Spitzenzeiten gab es hier tausend Sitzplätze in zehn Sälen. In der *Bärenschänke* wurde selbstgebrautes Bärenbräu ausgeschenkt.

An der Ostra-Allee, gegenüber dem Zwinger, wurde zwischen 1911 und 1913 nach Entwürfen von Lossow und Kühne das Schauspielhaus errichtet. Seine hydraulisch betriebene Unterbühnentechnik war damals eine Weltneuheit und steht heute unter Denkmalschutz.

Der Postplatz ist einer der verkehrsreichsten Plätze der Stadt. Zahlreiche Straßen und Straßenbahnlinien kreuzen hier. Von den umstehenden Gebäuden seien die Oberpostdirektion und das legendäre, 1969 abgerissene Palasthotel *Weber* erwähnt.

Der Altmarkt wird dominiert vom Turm der Kreuzkirche. Auf dem ältesten Platz Dresdens stand das Germania-Denkmal aus dem Jahre 1880. Zahlreiche Gaststätten, Hotels und Kaufhäuser am Altmarkt luden mit ihren Angeboten die Dresdner und ihre Gäste ein.

Die Frauenkirche wurde zwischen 1726 und 1743 von George Bähr am Neumarkt errichtet. Der prachtvolle Sakralbau mit seiner steinernen Kuppel wurde zum Sinnbild des Dresdner Barock und *das* Wahrzeichen der Stadt.

Von der Brühlschen
Terrasse fällt der Blick
in die Münzgasse, über
der sich die Kuppel der
Frauenkirche erhebt.
Dieser Blick zählt zu
den berühmtesten
Stadtansichten Dresdens.

Auch der Blick von der Rampischen Straße und der Salzgasse auf die Frauenkirche gehört zu den bekannten Dresden-Ansichten. Das an der Straßenmündung stehende Eckgebäude gehörte einst einer Mätresse Augusts des Starken.

Die Kunstakademie an der Brühlschen Terrasse wurde zwischen 1887 und 1894 nach Plänen des Architekten Constantin Lipsius errichtet. Das historistische Gebäude war als Sitz der Königlichen Kunstakademie und als Ausstellungshaus konzipiert.

Der Dresdner Hauptbahnhof ersetzte 1898 einen älteren Vorgängerbau. Er sollte als prunkvolles Portal die Ankommenden in die Stadt geleiten. Über dem Haupteingang befindet sich die Figur der Saxonia als weltliche Patronin Sachsens.

Das Besondere des Dresdner Hauptbahnhofes ist seine Einzigartigkeit als Kopf- bzw. Inselbahnhof auf zwei verschiedenen Ebenen. Im Hintergrund erkennt man den Eingang zur Prager Straße.

Der Dresdner Maler Julius Otto Fritzsche (1872–1948) hielt in seinen Gemälden besondere Momente der Stadtgeschichte fest, so 1910 die Übergabe eines Ehrengeschenks der Privilegierten Bogenschützengesellschaft für das Neue Rathaus.

Der Bau des Neuen Rathauses in den Jahren 1905 bis 1910 war notwendig, da das Rathaus am Altmarkt für die wachsenden Bedürfnisse der Stadtverwaltung nicht mehr ausreichte. Auf dem Turm steht der Goldene Rathausmann, der sein Füllhorn über die Stadt ausschüttet.

Auf dem Ausstellungsgelände im Großen Garten realisierte der Architekt Peter Birkenholz 1928 das revolutionäre Kugelhaus. Das in Stahlskelettbauweise errichtete Gebäude wurde 1938 als »undeutsch« etikettiert und abgerissen.

Durch das Engagement des Odol-Fabrikanten Karl August Lingner fand vom 6. Mai bis 31. Oktober 1911 auf einem Areal mit einer Gesamtfläche von 320 000 Quadratmetern die erste Internationale Hygiene-Ausstellung in Dresden statt.

Den architektonischen Mittelpunkt der Anlage bildete der Ausstellungspalast, um den sich mehrere Kleinbauten gruppierten. Die bauliche Gesamtkonzeption verantworteten die Architekten William Lossow und Max Hans Kühne.

Das Palais im Großen Garten wurde als Lustschloss des sächsischen Hofes um 1680 errichtet. Mit dem Bau dieses Sommerpalais hielt der Barock in Dresden Einzug.

Vor dem Palais steht die Marmorskulptur »Die Zeit entführt die Schönheit«, die Pietro Balestra um 1720 schuf. Die Figurengruppe zählt zu den schönsten bildhauerischen Arbeiten des Barock.

Die kontrastreiche Fassadengliederung des Palais im Großen Garten korrespondiert hervorragend mit der das Haus umgebenden Natur. Zahlreiche Blickachsen führen optisch zum Palais hin.

Der Große Garten wurde 1676 vom späteren Kurfürsten Johann Georg III. von Sachsen in Auftrag gegeben und entwickelte sich in den folgenden Jahrhunderten zur größten Parkanlage Dresdens. Die Grundstruktur seiner Entstehungszeit hat sich bis heute bewahrt.

Der Carolasee im Großen Garten war ursprünglich eine Kiesgrube, die 1881/82 zum Stillgewässer umgestaltet wurde. Auf einer Halbinsel wurde 1895 das Carolaschlösschen als gastronomische Einrichtung erbaut.

Die »Vogelwiese« ging aus dem Pfingstschießen der Bogenschützen hervor. Die lange Tradition dieses größten Dresdner Volksfestes reicht bis ins 16. Jahrhundert zurück.

Ab 1874 war die Vogelwiese auf den Johannstädter Elbwiesen beheimatet und lockte nunmehr die Dresdner und ihre Gäste mit unterschiedlichsten Attraktionen wie Fahrgeschäften, Schau- und Imbissbuden.

Postkarten mit der Darstellung der größten Publikumsmagneten dienten der Bekanntmachung der Vogelwiese über die Stadtgrenzen hinaus. Abgebildet ist hier die Krinoline, ein Karussell in der Form und Bewegung eines Reifrocks.

Auf dem Neustädter Markt steht seit seiner Enthüllung im Jahre 1736 der Goldene Reiter, das Reiterstandbild Augusts des Starken. Links daneben fällt der Blick auf das Neustädter Rathaus mit seinem imposanten Dachreiter.

Der Albertplatz in der Inneren Neustadt wird dominiert von den Zwillingsbrunnen Stille Wasser und Stürmische Wogen. Sie wurden zwischen 1883 und 1894 von dem Bildhauer Robert Dietz geschaffen und stehen heute unter Denkmalschutz.

Im Dezember 1912 wurde am Königin-Carola-Platz das »Circus-Theater 5000« als erster stationärer Zirkusbau Europas in Anwesenheit der Königsfamilie feierlich eingeweiht. Landläufig ist er als »Zirkus Sarrasani« berühmt geworden.

Dresden besaß mit der Albertstadt eine der größten zusammenhängenden Kasernenanlagen des Deutschen Reiches. Dieser Stadtteil galt als reine »Militärstadt«. Die Königsbrücker Straße verbindet die Äußere Neustadt mit der Albertstadt.

Am Loschwitzer Elbhang liegen die Elbschlösser Schloss Albrechtsberg, Lingnerschloss und Schloss Eckberg. Alle drei Bauwerke stammen aus der Zeit zwischen 1850 und 1861. Die sie umgebenden Parkanlagen sind als englische Landschaftsgärten angelegt.

Vom Stadtteil Weißer Hirsch fällt der Blick auf die berühmteste Dresdner Elbbrücke, das »Blaue Wunder«, das die Stadtteile Blasewitz und Loschwitz verbindet. Der Name der Brücke geht auf den hellblauen Farbanstrich und die pfeilerfreie Bauweise zurück.

Seit 1895 führt eine Standseilbahn von der Talstation Loschwitz zum Weißen Hirsch hinauf. Dabei überwindet die Bahn einen Höhenunterschied von 95 Metern. Die Strecke wird durch zwei Tunnel und über ein Viadukt geführt.

Loschwitz und Oberloschwitz sind seit 1901 durch eine Schwebebahn verbunden. Wie bei der Standseilbahn werden die Wagen durch ein Zugseil bewegt. Die dafür benötigte Fördermaschine befindet sich in der Bergstation. Rechts im Bild ist die die Loschwitzer Kirche.

Am 12. Juli 1910 landete auf dem Heller nahe dem Stadtteil Trachenberge das erste Luftschiff in Dresden. In den Jahren 1913/14 führten mehrere Luftschiffe auch Passagierfahrten in Dresden durch.

Markant erhebt sich über den Weinbergen der Hoflößnitz in Radebeul die Ausflugsgaststätte *Spitzhaus*, die ihren Ursprung in einem Lustschloss des sächsischen Hofes hat. Noch heute werden dort Gäste bewirtet.

Durch den landschaftlich reizvollen Lößnitzgrund, ein 50 Meter tiefes Kerbtal bei Radebeul, führen der Lößnitzbach und die Schmalspurbahnstrecke der Lößnitzgrundbahn.

Zahlreiche Ausflugsgaststätten säumten den Lößnitzgrund, so der Gasthof *Weißes Ross*, an dem sich auch eine Bahnhofswartehalle befand, oder die *Meierei*, eine ehemalige Wassermühle, die ab 1882 am Haltepunkt Lößnitzgrund ihre Besucher empfing.

Wenige Flusskilometer von Dresden-Loschwitz entfernt flussaufwärts liegt Schloss Pillnitz. Die Sommerresidenz des sächsischen Königshauses wurde als barockes, im chinesischen Stil konzipiertes Lustschloss zwischen 1720 und 1730 errichtet.

Berühmtester Teil der Schlossanlage ist das Wasserpalais mit der von zwei Sphinxen bewachten Freitreppe zur Elbe, die 1724 erbaut wurde. Hier legten die aus Dresden eintreffenden Gondeln des Hofes an.

Inmitten des Friedewaldes erhebt sich Schloss Moritzburg auf einer künstlichen Insel im Schlossteich. Moritz von Sachsen ließ es 1542 bis 1546 als Jagdhaus bauen. Unter August dem Starken gestaltete es Matthäus Daniel Pöppelmann zur barocken Gesamtanlage um.

Ein erstes Moritzburger Wildgehege geht auf den Kurfürsten Moritz zurück. Als »Tiergarten« wurde dieses Gehege durch seine Nachfolger planmäßig erweitert. Seit 1893 ist die Anlage auch für Besucher zugänglich.

Die Geschichte der Gaststätte *Schillergarten* geht bis ins Jahr 1730 zurück. Mehrmals besuchte sie Friedrich Schiller während seines Dresdner Aufenthalts (1785–1787). Seine Begegnung mit der Wirtstochter Johanne Justine Segedin fand im *Wallenstein* literarischen Niederschlag.

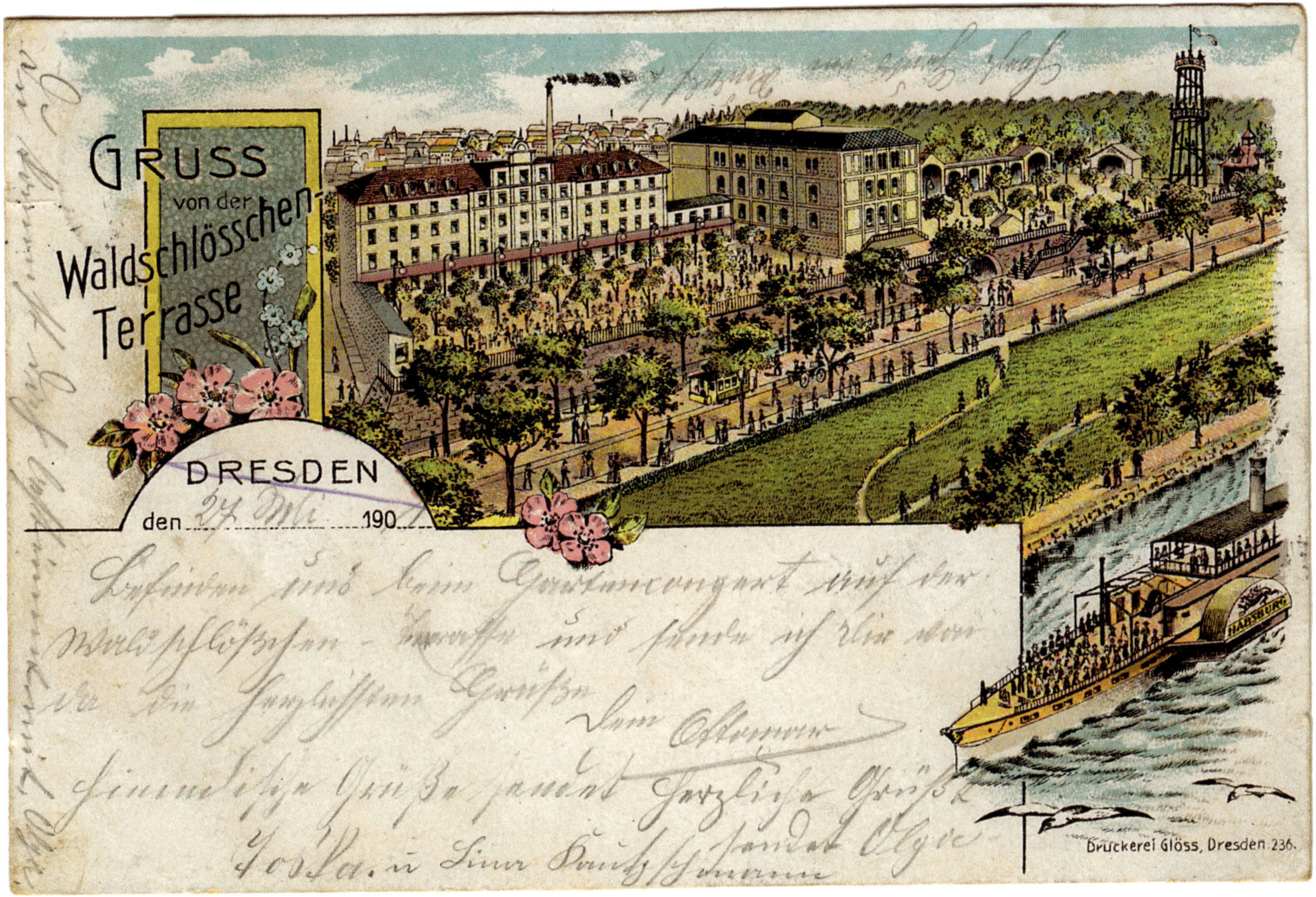

In der Radeberger Vorstadt erstreckt sich am Elbufer die Brauerei samt Restaurant *Waldschlösschen* mit seiner über dem Flusstal gelegenen Südterrasse. Von hier aus hat man einen eindrucksvollen Blick auf Elbtal und Stadtzentrum.

Der *Felsenkeller* im Plauenschen Grund war zu Beginn des 20. Jahrhunderts eine der größten Brauereien Deutschlands. Seinen Namen erhielt das Brauhaus nach einer hier im Jahre 1857 in den Fels getriebenen Stollenanlage zur Kühlung des Bieres.

Am Beginn des Rabenauer Grundes steht die Ausflugsgaststätte *Rabenauer Mühle*. Der Dresdner Maler Ludwig Richter (1803–1884) hat das Motiv der Mühle in seinem berühmten Gemälde »Brautzug im Frühling« in variierter Form verwendet.

Mit solch aparten Ansichtskarten lockte man zu Beginn des 20. Jahrhunderts Besucher aus allen Teilen Deutschlands in das romantische Tal des Rabenauer Grundes.

Vom Dresdner Stadtteil Klotzsche ist es nicht weit bis in die Dresdner Heide, den Prießnitzgrund und die Moritzburger Kulturlandschaft mit dem Friedewald.

Ortsverzeichnis